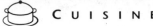

Accro au Choco

Cyril Lignac
Stéphan Lagorce

Photographies : Rina NURRA
Stylisme : Lissa STREETER
Reportage : Philippe VAURÈS-SANTAMARIA

HACHETTE
Pratique

Sommaire

Signification des symboles

★ très facile   € bon marché

★★ facile   €€ raisonnable

★★★ difficile   €€€ cher

Ma petite collection rien que pour vous...

Parce qu'il est temps de sortir des clichés qui opposent cuisine de chef et cuisine de tous les jours, j'ai décidé de vous donner le meilleur de mes recettes. La collection des Petits Pratiques Hachette, qui marie depuis longtemps le beau et le bon, va mettre tous mes secrets à votre portée.

En effet, moi aussi je me fais la cuisine au quotidien, moi aussi je suis accro au chocolat, nostalgique des tartes Tatin de ma mère ou des purées de mon enfance, alors pourquoi garder pour moi des secrets de cuisine que vous pouvez aussi faire chez vous ?

Que ce soit pour les dîners de pâtes à la fin du mois, les soirées en tête-à-tête ou les dimanches avec les parents, toutes les occasions sont bonnes pour se mettre en cuisine et régaler ses invités. Pas besoin d'être un chef pour cela, il suffit de suivre mes conseils...

J'ai donc imaginé pour vous des recettes hyper simples, expliquées en détail et toujours illustrées, pour vous donner des idées de présentation originales qui feront de l'effet. Dans chaque recette, je vous propose mes trucs et mes astuces de chef pour bien choisir vos produits, faire les bons gestes ou ne pas rater l'étape cruciale de la cuisson : bref, tout ce qui vous aidera à réussir vos recettes à tous les coups !

Faites-moi confiance, relevez vos manches et on va se régaler...

Cyril Lignac

Chocolat addict

Cœur fondant

Pour **8 personnes** – Préparation : **15 minutes** – Cuisson : **10 à 12 minutes**
Difficulté : ★ - Coût : €

Pour la pâte :
- 200 g de chocolat noir
- 100 g de beurre + 1 noix pour les moules
- 4 œufs
- 150 g de sucre roux
- 50 g de farine + pour les moules
- 1 pincée de sel

Matériel :
- 8 moules de 7 cm de diamètre et 3,5 cm de profondeur

1 Préchauffez le four à 180 °C (th. 6). Faites fondre le chocolat cassé en carrés dans le four micro-ondes, 3 min environ (puiss. 160 watts). Faites fondre le beurre dans le four micro-ondes ou dans une casserole.

2 Dans un saladier, battez les œufs et le sucre avec un fouet. Ajoutez le beurre fondu, fouettez à nouveau. Ajoutez la farine d'une traite, le sel puis le chocolat fondu. Mélangez bien.

3 Versez la préparation dans les moules beurrés et farinés puis enfournez 10 à 12 min environ. Ce temps peut varier de 2 à 3 min selon le type de four. À la sortie du four, patientez 2 min avant de démouler les fondants. Posez-les sur des assiettes et laissez les convives découvrir la merveilleuse sauce qu'ils contiennent !

LE CONSEIL DE CYRIL

Pour obtenir un gâteau au cœur fondant, il faut que la différence de température entre la pâte et le four soit assez forte, supérieure à 150 °C en général. Si la pâte est à 30 °C, il faut cuire à 180 °C. Si cette différence n'est pas assez forte (pâte à 35 °C, four à 150 °C, par exemple), la chaleur pénètre de manière plus uniforme, le cœur du fondant cuit comme la périphérie et ne coule plus… Raté !

Brownies au chocolat

Pour **4 à 6 personnes** – Préparation : **15 minutes** – Cuisson : **15 minutes** – Repos : **30 minutes**
Difficulté : ★ - Coût : 🇪

Pour la pâte :
• 100 g de chocolat noir
• 65 g de sucre
• 80 g de beurre + 1 noix pour le moule
• 35 g de farine
• 2 œufs
• 1 pincée de cannelle
• 60 g de cerneaux de noix

Matériel :
• 1 moule carré de 15 cm

1 Faites fondre le chocolat noir en morceaux au bain-marie ou dans le four micro-ondes. Attention : faites-le juste fondre, pas besoin de trop le faire chauffer.

2 Dans un saladier, mélangez le sucre avec le beurre ramolli. Incorporez ensuite la farine, les œufs, la cannelle, le chocolat fondu puis les cerneaux de noix.

3 Préchauffez le four à 180 °C (th. 6). Beurrez le moule et versez la pâte dedans. Enfournez et laissez cuire pendant 15 min. Laissez refroidir pendant 30 min avant de déguster.

LE CONSEIL DE CYRIL

Le brownie ne se démoule pas très bien, car il se brise assez facilement. Ici, on beurre le moule pour que la croûte n'attache pas trop aux parois. Pour un gâteau plus ferme, mettez plus de farine.

Cookies aux pépites de chocolat

Pour **15 cookies** – Préparation : **25 minutes** – Cuisson : **8 minutes**

Difficulté : ★★ - Coût : €

Pour la pâte :
• 100 g de beurre + 1 noix pour la plaque
• 100 g de sucre
• 1 œuf
• 200 g de farine
• 1 pincée de sel

Pour la garniture :
• 30 g de chocolat noir

1 Faites ramollir le beurre en le laissant dans la cuisine un moment ou en le passant rapidement dans le four micro-ondes.

2 Dans un saladier, mélangez le beurre avec le sucre. Ajoutez l'œuf et mélangez bien à nouveau. Incorporez ensuite la farine et le sel. Travaillez un instant pour obtenir une pâte homogène.

3 Avec un couteau, concassez le chocolat noir pour obtenir des pépites plus ou moins régulières. Beurrez la plaque de cuisson et préchauffez le four à 180 °C (th. 6).

4 Avec une cuillère à soupe, déposez des petits « tas » de pâte de la taille d'une grosse noix en les espaçant. Aplatissez-les avec une fourchette mouillée puis saupoudrez de pépites de chocolat. Enfournez pour 8 min de cuisson.

5 Décollez ensuite les cookies encore chauds de la plaque avec une spatule en métal et laissez refroidir.

LES CONSEILS DE CYRIL

Laissez au moins 2 cm entre chaque cookie car, en cuisant, ils s'étalent un peu.
Vous pouvez aussi les saupoudrer de chocolat blanc ou au lait, de fruits secs, de fruits confits, d'épices, etc.

Ma mousse au chocolat

Pour **4 personnes** – Préparation : **30 minutes**
Difficulté : ★ - Coût : €

- 300 g de chocolat noir
- 400 g de crème fleurette très froide
- 40 g de sucre
- 4 jaunes d'œufs

1 Commencez par fouetter la crème à l'aide d'un batteur à main, de préférence dans un saladier gardé préalablement au réfrigérateur. Fouettez jusqu'à ce que la crème soit ferme et légère.

2 Mélangez le sucre et 3 cuillerées à soupe d'eau dans une casserole et faites fondre sur feu doux en remuant très fréquemment. Le sucre ne doit surtout pas prendre couleur. Dès l'ébullition, retirez le sirop du feu.

3 Fouettez les jaunes d'œufs à l'aide d'un batteur à main jusqu'à ce qu'ils soient légers et onctueux. Ajoutez petit à petit le sirop chaud, sans cesser de battre. Fouettez jusqu'à ce que le mélange prenne du volume et soit tiède.

4 Faites fondre le chocolat au four à micro-ondes en le remuant régulièrement afin qu'il soit onctueux et homogène.

5 Incorporez, toujours avec le batteur à main, le chocolat chaud dans le mélange aux œufs battus. Lorsque le mélange est homogène, incorporez la crème fouettée à l'aide d'une spatule.

LES CONSEILS DE CYRIL

On a l'habitude de manger la mousse au chocolat très fraîche. Faites comme moi : je l'aime au moment où elle est juste terminée, à température ambiante, toute seule ou avec des madeleines.

Mousse au chocolat blanc

Pour **4 personnes** – Préparation : **30 minutes** – Refroidissement : **au moins 1 heure**
Difficulté : ★★ - Coût : €

- 330 g de chocolat blanc
- 500 g de crème fleurette très froide
- 30 g de sucre
- 4 jaunes d'œufs

1 Fouettez la crème à l'aide d'un batteur électrique jusqu'à ce qu'elle soit ferme et légère.

2 Mélangez le sucre et 1,5 cuillerée à soupe d'eau dans une casserole et faites fondre sur feu doux en remuant très fréquemment. Le sucre ne doit surtout pas prendre couleur. Dès l'ébullition, retirez le sirop du feu.

3 Fouettez les jaunes d'œufs à l'aide d'un batteur à main jusqu'à ce qu'ils soient légers et onctueux. Ajoutez petit à petit le sirop chaud, sans cesser de battre. Fouettez jusqu'à ce que le mélange soit léger et tiède.

4 Faites fondre le chocolat blanc au four à micro-ondes en le remuant régulièrement afin qu'il soit onctueux et homogène.

5 Incorporez, toujours avec le batteur à main, le chocolat blanc chaud dans le mélange aux œufs battus. Lorsque le mélange est homogène, incorporez la crème fouettée à l'aide d'une spatule.

6 Versez la mousse dans un plat de service, couvrez de film étirable et laissez rafraîchir au moins 1 h au réfrigérateur.

LES CONSEILS DE CYRIL

Le chocolat blanc ayant moins de tenue et de teneur en cacao que le chocolat noir, je suis obligé de laisser la mousse au moins 1 h au réfrigérateur avant de la servir ; cela ne fait que la rendre plus onctueuse.
Je l'adore avec des fruits rouges – fraises ou framboises – pour le petit côté acidulé associé à la douceur de la mousse.

Gâteau au chocolat

Pour **4 à 6 personnes** – Préparation : **25 minutes** – Cuisson : **30 minutes**
Difficulté : ★ - Coût : €

Pour la pâte :

- 120 g de beurre +1 noix pour le moule ½ C
- 200 g de chocolat noir
- 150 g de sucre ⅓ C
- 4 œufs
- 80 g de farine + pour le moule ¾ C

Matériel :

- 1 moule de 20 cm

1 Préchauffez le four à 180 °C (th. 6).
Faites fondre le beurre avec le chocolat coupé en morceaux au four micro-ondes ou dans un bain-marie tiède.

2 Dans un saladier, mélangez le sucre avec les œufs puis ajoutez la farine.

3 Incorporez à cette préparation le mélange au chocolat. Mélangez bien avec une cuillère en bois pour avoir une pâte homogène.

4 Beurrez puis farinez légèrement le moule, carré ou rond. Versez la pâte dedans. Enfournez pour 30 min de cuisson. Sortez du four, laissez refroidir 10 min puis démoulez délicatement. À déguster tiède.

LE CONSEIL DE CYRIL

Servez ce délicieux gâteau tout simple à faire avec une crème anglaise très froide. Pour obtenir une texture un peu différente, et peut-être plus fine, remplacez la farine par de la Maïzena.

Forêt-noire

Pour **8 à 10 personnes** – Préparation : **40 minutes** – Cuisson : **30 minutes**
Difficulté : ★★★ - Coût : €

Pour la génoise :
- 6 œufs
- 170 g de sucre
- 1 pincée de sel
- 130 g de farine
- 30 g de cacao en poudre
- 30 g de beurre fondu

Pour la garniture :
- 100 g de sucre
- 2 cl de kirsch (ou rhum ou armagnac)
- 20 cl de crème liquide très froide
- 2 cuil. à soupe de sucre glace
- 1 gousse de vanille
- 80 g de cerises au sirop dénoyautées (ou fraîches)
- 10 bigarreaux confits

1 Préparez la génoise au chocolat comme indiqué dans la recette p. 38. Lorsqu'elle est bien froide, découpez-la, dans l'épaisseur, en 3 disques aussi réguliers que possible, à l'aide d'un long couteau à dents.

2 Faites bouillir un instant 100 g de sucre avec 10 cl d'eau puis laissez refroidir. Ajoutez le kirsch. Dans un saladier, battez la crème en chantilly très ferme avec le sucre glace et le contenu de la gousse de vanille (ouvrez-la dans la longueur et récupérez les graines avec un petit couteau).

3 Posez un premier disque de génoise sur une grille circulaire. Imbibez-le légèrement de sirop au kirsch. Tartinez de crème battue et parsemez de cerises. Posez un second disque de génoise et répétez les opérations précédentes.

4 Posez enfin le dernier disque de génoise. Recouvrez de crème, lissez bien la surface avec le plat d'un couteau puis décorez avec les bigarreaux confits.

LE CONSEIL DE CYRIL

Ce gâteau doit être dégusté dans les 2 ou 3 h qui suivent sa préparation, car la crème Chantilly n'attend pas. Ne tardez pas...

Les grands classiques

Sauce au chocolat

Pour **8 à 10 personnes** – Préparation : **25 minutes** – Cuisson : **10 minutes**
Refroidissement : **3 heures**
Difficulté : ★★ - Coût : €

- 1 l de lait
- 40 g de cacao en poudre
- 10 jaunes d'œufs
- 200 g de sucre

1 Versez le lait dans une casserole, ajoutez le cacao et fouettez un instant. Faites monter le lait à feu moyen puis retirez du feu.

2 Dans un saladier, fouettez les jaunes d'œufs avec le sucre pour que le mélange blanchisse un peu. Versez le lait au cacao par-dessus en fouettant.

3 Dans la casserole, faites cuire la préparation à feu doux pendant 10 min environ sans cesser de mélanger.

4 Quand la sauce a épaissi, retirez la casserole du feu et filtrez le contenu dans un saladier. Laissez complètement refroidir avant de servir.

LE CONSEIL DE CYRIL

Une sauce parfaite avec tous les gâteaux, les glaces et de nombreux autres desserts.
Si vous la gardez au réfrigérateur, cette sauce a tendance à épaissir. Dans ce cas, détendez-la avec un peu de lait froid.

Gâteau marbré

Pour **6 à 8 personnes** – Préparation : **25 minutes** – Cuisson : **40 minutes**
Difficulté : ★ ★ ★ - Coût : €

Pour la pâte :
• 210 g de beurre + 1 noix pour le moule
• 6 œufs
• 250 g de sucre en poudre
• 250 g de farine + 1 cuil. à café pour le moule
• 1 pincée de sel
• 1/2 sachet de levure chimique
• 2 cuil. à soupe d'extrait de vanille
• 2 cuil. à soupe de cacao en poudre

1 Préchauffez le four à 180 °C (th. 6). Faites fondre le beurre. Dans un saladier, mélangez les œufs avec le sucre. Ajoutez ensuite la farine, le beurre, le sel et la levure.

2 Divisez la pâte dans deux grands bols. Versez la vanille dans le premier bol et le cacao préalablement tamisé dans une passoire, dans le second. Mélangez bien chaque pâte séparément.

3 Dans un moule à cake beurré et fariné, versez en même temps les 2 pâtes sans les mélanger pour obtenir un bel effet marbré. Enfournez à 180 °C (th. 6) pour 40 min de cuisson environ. Laissez refroidir quelques minutes puis démoulez. Dégustez encore tiède, coupé en tranches.

LE CONSEIL DE CYRIL

Pour obtenir un effet marbré différent mais tout aussi appétissant, versez la pâte au chocolat dans le moule puis versez la pâte à la vanille par-dessus.

Ganache et truffes en chocolat

Pour **6 à 8 personnes** – Préparation : **35 minutes** – Refroidissement : **4 heures**
Difficulté : ★★ - Coût : €

Pour la ganache :
• 300 g de chocolat noir
• 15 cl de crème liquide
• 20 g de beurre

Pour le décor :
• Cacao en poudre

1 Avec un gros couteau, hachez très finement le chocolat noir. Faites bouillir la crème liquide. Sortez du feu. Versez le chocolat noir dans la casserole et mélangez pour obtenir une pâte lisse et brillante.

2 Incorporez le beurre coupé en lamelles. La ganache est prête à être utilisée. Laissez-la refroidir au réfrigérateur pendant 4 h.

3 Formez rapidement des boulettes avec la ganache bien froide puis roulez-les dans le cacao. Consommez ces délicieuses truffes dans les 24 h.

LES CONSEILS DE CYRIL

Le secret des chocolatiers qui parfument leurs truffes avec des épices, du thé,... ?
Ils font infuser l'ingrédient choisi dans la crème brûlante puis suivent la recette comme indiqué.
Prenez bien la peine de hacher très finement le chocolat, sinon celui-ci aura du mal à bien fondre et votre ganache aura des grumeaux. Dans ce cas, réchauffez-la très doucement et mélangez pour les éliminer.

Glaçage au chocolat

Pour **2 gâteaux** – Préparation : **15 minutes** – Refroidissement : **30 minutes**
Difficulté : ★★★ - Coût : €

• 100 g de beurre
• 200 g de chocolat noir

1 Faites fondre le beurre à feu très doux puis retirez-le du feu. Avec une cuillère à soupe, éliminez toute la mousse qui surnage. Récupérez ensuite le beurre fondu sans prendre le petit-lait qui se trouve au fond.

2 Faites fondre le chocolat dans un bain-marie juste tiède. Ajoutez ensuite le beurre clarifié, juste tiède lui aussi. Laissez refroidir 30 min puis utilisez ou conservez au frais.

3 Le glaçage doit être à peine tiède quand vous l'utilisez. Placez le gâteau à glacer sur une grille, au-dessus d'une assiette creuse. Versez le glaçage sur le gâteau. Penchez-le délicatement d'un bord à l'autre pour bien répartir le chocolat. Laissez prendre 1 h au froid.

LES CONSEILS DE CYRIL

Ce glaçage est parfait pour les gâteaux, auxquels il donne une superbe finition. Faites-le avec du très bon chocolat noir.
Pour qu'il rende son plus bel effet, faites très attention à ce que ni le beurre ni le chocolat ne chauffent trop quand vous les faites fondre sinon des marbrures et des décolorations apparaîtront dès que le glaçage sera froid.

Crème au beurre au chocolat

Pour **8 personnes** – Préparation : **25 minutes** – Cuisson : **10 minutes**
Difficulté : ★★★ - Coût : €

- 150 g de beurre
- 200 g de sucre en poudre
- 8 jaunes d'œufs
- 50 g de chocolat noir

Matériels :
- 1 thermomètre à sucre
- 1 fouet électrique

1 Prenez la précaution de sortir le beurre 1 h avant de commencer la recette pour le faire ramollir.

2 Dans une casserole, versez 8 cl d'eau froide et ajoutez le sucre. Portez à ébullition en mélangeant constamment puis laissez cuire jusqu'à atteindre 120 °C en vérifiant avec un thermomètre à sucre.

3 Pendant ce temps, placez les 8 jaunes d'œufs dans un saladier et battez-les avec le fouet électrique à vitesse élevée. Lorsque le sucre est à la bonne température, versez-le régulièrement sur les jaunes en fouettant à grande vitesse et en évitant les bords du saladier. Continuez de fouetter pendant 10 min environ.

4 Quand le mélange est presque froid, incorporez le beurre mou, morceau après morceau, et le chocolat fondu sans cesser de fouetter à vitesse moyenne.

LE CONSEIL DE CYRIL

La qualité d'une crème au beurre dépend, avant tout, de la qualité de ses ingrédients de base. Prenez donc des œufs bio ou extra-frais. Pour le beurre, choisissez ce qui se fait de mieux. Les beurres fermiers en motte de Normandie sont parfaits.

Roulé au chocolat

Pour **8 personnes** – Préparation : **30 minutes** – Cuisson : **12 minutes**

Difficulté : ★★ - Coût : €

Pour la pâte :

• 4 œufs
• 1 pincée de sel
• 1 cuil. à soupe de sucre glace
• 150 g de sucre en poudre
• 100 g de farine
• 1 cuil. à soupe de cacao en poudre
• 50 g de beurre
• 5 cl de lait

Matériel :

• Papier sulfurisé pour la plaque

1 Préchauffez le four à 180 °C (th. 6). Séparez les blancs des jaunes d'œufs. Dans un saladier, montez les blancs en neige bien ferme avec la pincée de sel et le sucre glace.

2 Dans un autre saladier, battez 1 min les jaunes d'œufs et le sucre en poudre. Ajoutez la farine préalablement mélangée avec le cacao et tamisée dans une passoire, le beurre, le lait puis les blancs en neige.

3 Sur la plaque du four recouverte de papier sulfurisé, versez la pâte d'un seul coup, de façon à obtenir un rectangle assez régulier (1 cm d'épaisseur environ). Enfournez 12 min, plus ou moins 3 min selon les fours. Laissez refroidir la pâte quelques minutes à la sortie du four.

4 Tartinez le biscuit avec la préparation de votre choix : ganache, crème au beurre, chantilly, Nutella, puis roulez-le sur lui-même sans trop serrer au début. Décorez le roulé avec de la crème ou du sucre glace.

LE CONSEIL DE CYRIL

Ne faites pas trop cuire ce gâteau sinon il sera difficile à rouler et se brisera. Ne le tartinez pas d'une trop importante couche de crème également car vous rencontreriez le même problème.

Glace au chocolat

Pour **8 personnes** – Préparation : **25 minutes** – Cuisson : **10 minutes**
Refroidissement : **3 heures**
Difficulté : ★★ - Coût : €

- 50 cl de lait
- 50 cl de crème
- 140 g de chocolat
- 7 jaunes d'œufs
- 160 g de sucre

Matériel :
- 1 sorbetière

1 Versez le lait et la crème dans une casserole, ajoutez le chocolat brisé en carrés et fouettez un instant. Faites monter le lait à feu moyen puis retirez du feu.

2 Dans un saladier, fouettez les jaunes d'œufs avec le sucre pour que le mélange blanchisse un peu. Versez le lait au chocolat par-dessus en fouettant.

3 Dans la casserole, faites cuire la préparation à feu doux pendant 10 min environ sans cesser de mélanger.

4 Quand la sauce a épaissi, retirez la casserole du feu et filtrez-la dans un saladier. Laissez complètement refroidir. Versez-la ensuite dans la sorbetière. Servez sans attendre, dès qu'elle est prise.

LES CONSEILS DE CYRIL

Servez cette glace au chocolat en la saupoudrant légèrement de cacao amer. Vous pouvez aussi faire infuser quelques zestes d'orange dans le mélange lait et crème.

Génoise au chocolat

Pour **6 à 8 personnes** – Préparation : **15 minutes** – Cuisson : **30 minutes**
Difficulté : ★ – Coût : €

Pour la pâte :
• 6 œufs
• 170 g de sucre
• 1 pincée de sel
• 130 g de farine + 1 cuil. à café pour le moule
• 30 g de cacao en poudre
• 30 g de beurre fondu + 1 noix pour le moule

Matériels :
• 1 moule rond de 25 cm
• 1 fouet électrique

1 Préchauffez le four à 180 °C (th. 6). Dans un saladier, versez les œufs et le sucre. Battez-les 5 min au-dessus d'un bain-marie frémissant avec un fouet électrique pour obtenir une mousse pâle et légère. Battez encore 5 min, hors du bain-marie, pour faire refroidir le mélange.

2 Ajoutez ensuite le sel, la farine, le cacao et le beurre fondu. Mélangez très délicatement et le moins possible, pour obtenir une pâte homogène.

3 Videz la pâte dans le moule beurré et fariné. Enfournez et laissez cuire pendant 30 min. Laissez refroidir pendant 30 min avant de déguster, nature ou agrémenté de ganache (p. 28), de mousse au chocolat (p. 14) ou de sauce au chocolat (p. 24).

LES CONSEILS DE CYRIL

Prenez des œufs extra-frais pour cette recette.
Cette génoise est parfaite pour réaliser la forêt-noire (voir p. 20).

Du chocolat partout !

Mes madeleines au chocolat

Pour **20 à 25 madeleines** – Préparation : **15 minutes** – Cuisson : **10 minutes**
Difficulté : ★ – Coût : €

Pour la pâte :
- 125 g de beurre + 1 noix pour les moules
- 3 œufs extra-frais
- 150 g de sucre
- 140 g de farine + 1 cuil. à café pour les moules
- 1 cuil. à café de levure chimique
- Extrait de vanille

Pour la garniture :
- 40 g de chocolat à cuire

1 Faites fondre le beurre à feu très doux et laissez-le refroidir.

2 Déballez le chocolat, placez-le sur une planche à découper et, avec un gros couteau, coupez-le en morceaux plus ou moins réguliers de la taille d'un petit pois.

3 Placez les moules à madeleines au réfrigérateur pendant un moment puis beurrez-les. Saupoudrez-les de farine puis secouez-les pour en faire tomber l'excédent.

4 Dans un saladier, mélangez au fouet à main pendant 1 min les œufs et le sucre. Ajoutez la farine, la levure chimique, quelques gouttes d'extrait de vanille et mélangez encore 1 min. Ajoutez enfin le beurre fondu. Laissez reposer la pâte quelques minutes.

5 Préchauffez le four à 180 °C (th. 6). Remplissez les moules à madeleines aux trois-quarts. Saupoudrez de chocolat coupé puis enfournez-les pour une dizaine de minutes de cuisson.

LE CONSEIL DE CYRIL

Laissez les madeleines crues dans le moule quelques minutes avant de les enfourner : elles auront ainsi une belle forme arrondie.

Caramels mous au chocolat

Pour **400 g de caramels** – Préparation : **15 minutes** – Cuisson : **25 minutes**
Refroidissement : **1 heure**

Difficulté : ★ ★ ★ - Coût : €

Pour le caramel :
- 28 cl de crème fraîche (ou crème liquide UHT)
- 250 g de sucre en poudre
- 50 g de miel
- 80 g de chocolat

Pour la garniture :
- 150 g d'amandes pelées

Matériels :
- 1 thermomètre à sucre
- Papier sulfurisé
- Papier cellophane

1 Avec un couteau ou un mixeur électrique, hachez grossièrement les amandes. Dans une casserole, assemblez la crème fraîche, le sucre, le miel et le chocolat, puis portez à ébullition.

2 Dès que le mélange a commencé à bouillir, immergez le thermomètre à sucre dans la casserole. Quand la préparation atteint la température de 123-125 °C, sortez la casserole du feu.

3 Ajoutez les amandes, mélangez, puis versez le mélange dans un moule chemisé de papier sulfurisé. Il faut obtenir 2 cm d'épaisseur environ. Laissez refroidir pendant 1 h puis démoulez. Coupez les caramels en carrés ou en lanières puis emballez-les dans du papier cellophane.

LE CONSEIL DE CYRIL

La consistance des caramels dépend de la concentration en sucre et cette concentration est liée à la température de cuisson du mélange. Interrompue vers 115 °C, la masse donne des caramels très mous, difficiles à emballer. Au-delà de 130 °C, les caramels collent aux dents et ne sont pas très agréables.

Crèmes au chocolat

Pour **4 à 6 personnes** – Préparation : **25 minutes** – Cuisson : **35 minutes**
Refroidissement : **1 heure** + **3 heures**
Difficulté : ★★★ - Coût : €

- 2 œufs
- 4 jaunes d'œufs
- 55 g de sucre en poudre
- 15 cl de lait
- 35 cl de crème épaisse
- 120 g de chocolat noir

1 Préchauffez le four à 130 °C (th. 4). Dans un bol, battez les œufs entiers et les jaunes avec le sucre en poudre 1 ou 2 min.

2 Portez à ébullition le lait et la crème. Sortez du feu puis incorporez le chocolat coupé en morceaux. Mélangez bien avec une cuillère en bois.

3 Versez lentement le mélange lait et chocolat fondu sur les œufs. Agitez en évitant de faire trop de mousse. Filtrez la crème avec une passoire puis versez-la dans des pots.

4 Enfournez pour 35 min de cuisson environ. Laissez refroidir 1 h avant de mettre vos petits pots de crème au réfrigérateur (3 h). Servez bien frais.

LE CONSEIL DE CYRIL

Ces crèmes se dégustent bien froides, presque glacées, il faut donc les laisser un bon moment dans le réfrigérateur. Pensez à bien recouvrir vos crèmes de film alimentaire sinon elles prendront la saveur des aliments qui se trouvent à côté.

Carrés aux brugnons et chocolat

Pour **12 personnes** – Préparation : **25 minutes** – Cuisson : **25 minutes**
Difficulté : ★ – Coût : €

Pour l'appareil :
• 2 œufs
• 13 cl de crème fraîche
• 70 g de sucre en poudre
• 10 g de Maïzena
• 50 g d'amandes en poudre
• 1 noix de beurre pour les moules
• 1 cuil. à soupe de farine pour les moules

Pour la garniture :
• 2 brugnons bien mûrs
• 1 rouleau de pâte sablée préétalée (230 g)
• 40 g de chocolat râpé

Matériel :
• 12 moules carrés de 5 cm de section
• Papier aluminium

1 Pelez les brugnons et coupez les chairs en petits dés. Beurrez les moules avec la noix de beurre. Saupoudrez ensuite avec 1 cuil. à soupe de farine pour en chemiser complètement l'intérieur. Si vous prenez des moules souples, cette opération est inutile.

2 Découpez 12 carrés dans la pâte sablée avec un couteau et une règle et déposez-les dans les moules. Recouvrez d'aluminium, remplissez de haricots secs et faites cuire 10 min à 170 °C (th. 5-6). Laissez refroidir.

3 Dans un saladier, assemblez tous les ingrédients de l'appareil. Mélangez bien avec un fouet à main.

4 Versez et répartissez la préparation aux amandes dans les moules de pâte précuits. Répartissez les brugnons sur les tartelettes. Saupoudrez de chocolat. Cuisez les tartelettes à 200 °C (th. 6-7) pendant 15 min.

LES CONSEILS DE CYRIL

Dès que les fonds de pâte sont cuits, enlevez les haricots et l'aluminium : de cette manière la pâte cuite reste plus croustillante.
Ne cuisez pas les fonds de tartelette dans un four trop chaud : ils doivent cuire mais rester assez clairs, sans colorer. On dit d'ailleurs « cuire à blanc ».

Charlotte au chocolat

Pour **6 à 8 personnes** – Préparation : **35 minutes**
Difficulté : ★★ - Coût : €

• 14 à 16 biscuits à la cuillère

Pour la garniture :
• 310 g de chocolat noir
• 115 g de beurre
• 8 blancs d'œufs
• 50 g de sucre glace
• 5 jaunes d'œufs

Matériel :
• 1 moule cannelé de 22 cm de diamètre

1 Tapissez le moule cannelé avec les biscuits à la cuillère. Ils doivent être très serrés et tenir seuls. Si vous avez du mal avec le moule cannelé, prenez un moule à bord lisse.

2 Faites fondre le chocolat au bain-marie et ajoutez le beurre pour obtenir un mélange ayant la consistance d'une pommade. Attention à ne pas le faire trop chauffer.

3 Montez les blancs d'œufs en neige. Quand ceux-ci commencent à être fermes, ajoutez le sucre glace et battez encore un moment.

4 Ajoutez les jaunes au chocolat puis incorporez les blancs avec une cuillère en bois. Versez cette préparation dans le moule puis placez au réfrigérateur. Servez avec une sauce à la vanille.

LES CONSEILS DE CYRIL

Avec la saveur à la fois marquée et subtile du chocolat, je trouve que rien n'est plus agréable... que du champagne ! Allez, cassez votre tirelire et faites-vous plaisir !
Ajoutez 120 g de griottes sans noyau à l'alcool dans cette charlotte au moment où vous incorporez les blancs.

Aumônières d'abricots aux noix et chocolat

Pour **4 à 6 personnes** – Préparation : **25 minutes** – Cuisson : **10 minutes**
Difficulté : ★★★ - Coût : €

Pour la garniture :
- 500 g d'abricots
- 2 cl de jus de citron
- 2 noix de beurre
- 60 g de miel
- 80 g de noix
- 1 cuil. à soupe de mascarpone
- 80 g de chocolat noir haché
- 6 cuil. à soupe de rhum

Pour les crêpes :
- 3 œufs
- 30 g de sucre
- 150 g de farine
- 37 cl de lait

Matériel :
- Ficelle de cuisine

1 Éliminez les noyaux des abricots, puis hachez-les assez grossièrement. Arrosez-les avec le jus de citron. Mélangez bien avec les doigts.

2 Dans la poêle, faites sauter les abricots 2 min avec 1 noix de beurre. Ajoutez ensuite le miel et les noix. Mélangez bien et laissez cuire pendant 2 ou 3 min puis ajoutez le mascarpone et retirez du feu.

3 Battez les œufs avec le sucre. Ajoutez la farine et le lait. Faites chauffer une poêle à feu moyen puis faites cuire 12 belles crêpes.

4 Dans un plat beurré, garnissez les crêpes de 2 cuil. à soupe de fruits, saupoudrez de chocolat haché puis refermez-les pour former des balluchons. Avec de la ficelle de cuisine, nouez les balluchons sans trop serrer. Arrosez avec le rhum et enfournez pour 10 min de cuisson à 160 °C (th. 5).

LE CONSEIL DE CYRIL

Dans la mesure du possible, préparez la pâte à crêpes avec de la farine biologique. En effet, celle-ci contient souvent plus de gluten, une protéine qui donne à la pâte plus de consistance et rend les crêpes plus solides, donc bien adaptées à cette recette.

Pastillas de pommes au cacao et cannelle

Pour **4 personnes** – Préparation : **25 minutes** – Cuisson : **15 minutes**
Difficulté : ★★ - Coût : €

• 4 feuilles de brick

Pour la garniture :
• 6 pommes
• 50 g de beurre
• 3 cuil. à soupe de miel
• 80 g de chocolat noir
• 4 pincées de cannelle en poudre

1 Pelez les pommes avec un couteau économe et éliminez les pépins. Coupez ensuite les fruits en quatre ou cinq morceaux. Faites-les sauter pendant 5 min avec 1 noix de beurre et le miel. Réservez. Râpez le chocolat.

2 Faites fondre le reste du beurre. Avec un couteau, coupez 4 feuilles de brick en deux. Prenez-les par les extrémités et trempez-les dans le beurre fondu assez rapidement. Le but est de les enduire superficiellement, sans excès.

3 Préchauffez le four à 180 °C (th. 6). Posez 1 demi-feuille de brick longitudinalement devant vous puis une autre, perpendiculairement, pour former une sorte de croix. Posez des quartiers de pomme au milieu et parsemez de copeaux de chocolat noir. Refermez la pastilla et pressez avec les mains.

4 Placez chaque pastilla dans un petit moule de cuisson (comme ceux utilisés pour les crèmes brûlées). Saupoudrez chacune d'elles de 1 pincée de cannelle en poudre. Placez au four et comptez 15 min de cuisson.

LE CONSEIL DE CYRIL

Pour que la feuille de brick soit bien croustillante en sortant du four, veillez à deux choses : enfournez la pastilla dans un four préchauffé et beurrez-la soigneusement et uniformément.

Ma poêlée d'ananas à la citronnelle et au cacao

Pour **4 personnes** – Préparation : **25 minutes** – Cuisson : **10 minutes**
Difficulté : ★ - Coût : €

- 1 bel ananas bien mûr
- 2 cuil. à soupe de sucre roux en poudre
- 1 cuil. à soupe de citronnelle fraîche râpée
- 1 belle noix de beurre
- 6 cuil. à soupe de rhum
- 8 cl de jus d'orange frais
- 1 cuil. à soupe de cacao en poudre

1 Coupez les deux extrémités de l'ananas et jetez-les. Pelez ensuite soigneusement le fruit. Coupez les chairs de l'ananas en tranches fines. Mélangez-les avec le sucre et toute la citronnelle.

2 Faites chauffer le beurre dans une poêle. Lorsque celui-ci est moussant, ajoutez les tranches d'ananas et faites-les sauter et colorer pendant 3 min environ. Ajoutez ensuite le rhum et le jus d'orange. Laissez cuire encore 1 min puis sortez du feu.

3 À l'aide d'une cuillère, répartissez les tranches d'ananas et leur jus dans 4 petites assiettes à dessert. Saupoudrez-les aussi équitablement que possible de cacao en poudre que vous aurez placé dans une petite passoire à thé par exemple. Nappez avec le jus de cuisson. Servez aussitôt pour ne pas laisser refroidir.

LES CONSEILS DE CYRIL

Mettez un peu de couleur dans cette recette en ajoutant au dernier moment quelques feuilles de menthe hachées.
Si vous aimez les saveurs sortant de l'ordinaire, ajoutez 1 clou de girofle au moment de faire sauter l'ananas et éliminez-le ensuite : le parfum qu'il laisse est très raffiné.

Papillotes de figues aux amandes, sauce chocolat

Pour **4 personnes** – Préparation : **25 minutes** – Cuisson : **25 minutes**

Difficulté : ★★ - Coût : €

- 100 g d'amandes en poudre
- 80 g de sucre glace
- 60 g de beurre + pour la cuisson
- 1 cuil. à soupe de Maïzena
- 1 cuil. à soupe de rhum
- 1 œuf
- 8 figues
- Sauce au chocolat bien froide (voir p. 24)

Matériel :
- Papier aluminium

1 Dans un saladier, mélangez les amandes, le sucre glace, le beurre, la Maïzena, le rhum et l'œuf.

2 Préchauffez le four à 160 °C (th. 5). Coupez les figues en quartiers. Découpez 4 carrés de papier d'aluminium. Beurrez-les généreusement.

3 Posez 8 quartiers de figue par carré d'aluminium puis, avec une cuillère à soupe, nappez les fruits avec la crème aux amandes. Refermez hermétiquement les papillotes.

4 Laissez cuire 25 min, sortez du four et servez très chaud avec la sauce bien froide.

LE CONSEIL DE CYRIL

N'ouvrez pas les papillotes, laissez les convives le faire eux-mêmes : la délicate saveur qui s'en échappe est inimitable !

Confit de fruits secs chocolaté

Pour **2 bocaux de 350 g** – Préparation : **15 minutes** – Cuisson : **25 minutes**
Repos : **1 journée**
Difficulté : ★ - Coût : €

- 1 gousse de vanille
- 25 cl de crème liquide
- 250 g de sucre en poudre
- 60 g de miel
- 60 g de chocolat
- 50 g d'amandes pelées et hachées
- 50 g de noix hachées
- 50 g de noisettes pelées et hachées
- 1 noix de beurre

Matériel :
- 1 thermomètre à sucre

1 Ouvrez la gousse de vanille avec un petit couteau dans le sens de la longueur. Grattez l'intérieur pour récupérer toutes les petites graines noires. Dans une casserole, mélangez la crème liquide, le sucre en poudre, le miel, le chocolat, les graines de vanille et la gousse.

2 À feu moyen, portez le mélange à ébullition et remuez très fréquemment avec une cuillère en bois. Avec un thermomètre, vérifiez la température et, lorsque le mélange atteint 110-112 °C, ajoutez les fruits secs.

3 Faites bouillir à nouveau un instant et sortez du feu. Ajoutez le beurre et mélangez. Versez le confit dans les bocaux et laissez refroidir et reposer une bonne journée avant de déguster.

LE CONSEIL DE CYRIL

Si le confit reste trop liquide après refroidissement, faites-le bouillir à nouveau pendant 2 ou 3 min.

Remerciements de Rina Nurra et Lissa Streeter :
Quelle tentation et intérêt ces recettes ont exercé sur notre entourage chez Ateliers Arcos !
Une grande merci à Jean-Pierre Diéterlin, notre « coach » bien aimé !

Lissa Streeter remercie également les marques suivantes :
BHV pour les assiettes p. 59.
Bodum pour les cuillères p. 47.
Le Bon Marché pour la serviette p. 9.
Chiliwich, chez Zéro One One pour les sets p. 29 et 45.
Habitat pour l'assiette p. 19.
Hugo Pott, chez Zéro One One pour les cuillères p. 37.
Jars, au Printemps pour le bol p. 33.
Le Printemps pour la fourchette p. 35.
La Maison de Porcelaine pour les assiettes p. 37.
Le Bon Marché pour le bol en verre p. 11.
Monoprix pour les petits bols p. 17.
Muji pour les assiettes p. 53.
Musée des arts décoratifs pour l'assiette Philippe Stark p. 51.
Quartz pour le verre p. 15.
Villeroy & Boch pour la cuillère p. 9.

Direction : Stephen Bateman
Direction éditoriale : Pierre-Jean Furet
Édition : Christine Martin
Correction : Anne Vallet
Conception intérieure : Dune Lunel
Réalisation intérieure : MCP
Couverture : Claire Guigal
Fabrication : Amélie Latsch

Dépôt légal : janvier 2007
ISBN : 978-2-0162-1047-5
62-66-1047-01-0

Impression : G. Canale & C.S.p.A., Turin (Italie).